TABLEAU
DES USANCES
ET
JOURS D'ÉCHÉANCES
ADMIS
Dans les principales Villes de Commerce de l'Europe.

Se vend à LILLE,
Chez S. BLOCQUEL, Imprimeur-Libraire, coin de la salle des spectacles.

TABLEAU
DES USANCES
ET
JOURS D'ÉCHÉANCES
ADMIS

Dans les principales villes de Commerce de l'Europe;

SUIVI

D'une indication des signes qui distinguent trente sortes de Louis de fabrique, d'avec les bons.

Se vend à LILLE,

Chez { J. B. CASTIAUX, Libraire grand place, coin de la rue de la nef.
S. BLOCQUEL, Imprimeur-Libraire, coin de la salle des spectacles.

1809

OBSERVATION IMPORTANTE.

Dans toutes les villes de la ci-devant Belgique, les jours d'échéances sont actuellement les mêmes qu'à Paris; ainsi, à ANVERS, BRUGES, BRUXELLES, GAND, et OSTENDE, les lettres de change jouissent de 10 jours de faveur, et les billets stipulés valeur reçue en marchandises, d'un mois.

TABLEAU

DES USANCES

ET JOURS D'ÉCHÉANCES,

Admis dans les principales Villes de Commerce de l'Europe.

ABBEVILLE, (*Somme.*)

Les lettres de change ont 10 jours de grace, excepté celles à vue, qui doivent être payées ou protestées à présentation, ou, au plus tard, vingt-quatre heures après, comme aussi celles à jour *préfix*.

Les billets, valeur reçue comptant, 10 jours de grace.

Billets en marchandises, 1 mois; et 2 mois pour les diligences, (c'est-à-dire que le porteur doit se présenter dans les 3 mois.)

ABERGAWEN, (Angleterre)
Comme à Londres.

AGDE, (*Hérault.*)
Comme à Alais.

AGEN, (*Lot et Garonne.*)
Comme à Alais.

AIGLE, (l') (*Orne.*)
Comme à Rouen.

AIRE, (*Pas-de-Calais.*)

Les Lettres de change 10 jours.
Billets, valeur comptant, 10 jours.
Billets en marchandises, 1 mois.

AIX, (*Bouches-du-Rhône.*)

Les jours de grace sont en faveur du porteur, qui peut, si bon lui semble, attendre 10 jours pour les lettres de change et billets valeur reçue comptant, et 3 mois pour les billets en marchandises.

ALAIS, (*Gard.*)

Le porteur d'une lettre de change peut protester le lendemain de l'échéance, ou attendre 10 jours.
Il en est de même pour les billets. On peut même ne protester que, dans les 3 mois, ceux en marchandises.

ALBI, (*Tarn.*)

Comme à ALAIS.

ALENÇON, (*Orne.*)

Comme à PARIS.

AMBLETEUSE, (*Pas-de-Calais.*)

Comme à PARIS.

AMBOISE, (*Indre-et-Loire.*)

Comme à TOURS.

AMBRES, (*Tarn.*)

Comme à ALAIS.

AMIENS, (*Somme.*)

Comme à PARIS.

AMSTERDAM, (*Hollande.*)

L'usance des lettres sur Amsterdam est comptée, savoir :
De France, Angleterre, Flandre, Brabant et Genève, d'un mois tel qu'il se trouve;

D'Italie, Espagne et Portugal, de deux mois tels qu'ils se trouvent;
De Dantzick de 40 jours de date;
De Konisberg de 41 jours de date;
De Francfort, Vienne, Augsbourg, Nuremberg, Breslau et autres places d'Allemagne, de 14 jours de vue.

Il y a à Amsterdam 6 jours de grace après l'échéance des lettres de change. Si le sixième jour est un dimanche ou un jour de fête, le paiement doit s'en faire la veille; et si l'acceptant est juif et que le dernier jour de faveur tombe un samedi ou quelqu'autre jour de fête pour lui, le paiement doit être exigé sans faute la veille;

Le porteur d'une lettre de change a cependant le droit de faire lever le protêt dès le quatrième jour, et de l'envoyer avec la lettre à ses cédans.

ANCONE, (Italie.)
Comme à Livourne.

ANDUSE, (*Gard.*)
Comme à Alais.

ANGERS, (*Mayenne.*)
Dans cette ville et son arrondissement,
Les lettres de change et billets valeur comptant, } 10 jours de grace.
En marchandises, 1 ou 3 mois, à la volonté du porteur; à jour préfix ou en foire, point de jours de grace.

ANGOULÊME, (*Charente.*)
Lettres de change,
Billets, valeur comptant, } 10 jours de grace.
Billets en marchandises,
Le porteur a cependant la faculté de ne faire le protêt d'un billet en marchandises, que dans les 3 mois, sans nuire à son action en garentie.

ANVERS, (*deux Nèthes.*)
Comme à Bruxelles.

APT, (*Vaucluse.*)
Comme à ARLES.

ARLES, (*Bouches-du-Rhône.*)
Il n'y a point de jours de grace, cependant les porteurs ont la faculté d'attendre 10 jours pour les lettres de change et billets, valeur reçue comptant;

Et même 3 mois pour ceux valeur en marchandises, sans pour cela perdre leur action en garantie.

ARMENTIÈRES, (*Nord.*)
Comme à LILLE.

ARRAS, (*Pas-de-Calais.*)
Lettres de change,
Billets valeur comptant, } 10 jours.
Billets en marchandises, 1 mois.

ATH, (*Jemmapes.*)
Comme à VALENCIENNES.

AUBUSSON, (*Cher.*)
Comme à LIMOGES.

AUGSBOURG, (ALLEMAGNE.)
L'usance des lettres sur cette ville est de 15 jours de vue après l'acceptation.

Toutes les lettres de change se paient par écriture, comme celles sur *Lyon, payables en paiement* : ces *viremens* ou *compensations* se font tous les mardis de chaque semaine ; le lendemain on paie au comptant ou en assignations, le solde des parties qui n'ont *pu se rencontrer.*

Les lettres qui échoient le mardi n'ont qu'un jour de *respect* ou de grace, parce qu'elles doivent être payées le lendemain mercredi.

Celles qui échoient un mercredi, jouissent de 8 jours de grace, parce qu'elles ne sont payées que le mercredi de la semaine suivante.

Les lettres à usance doivent être acceptées à leur présentation ; mais celles à 2, 3 et 4 usances, ne le sont que 15 jours avant leur échéance.

AUMALE, (*Seine inférieure.*)
Comme à ROUEN.

AURAIS, (*Morbihan.*)
Comme à RENNES.

AURILLAC, (*Cantal.*)
Comme à PARIS.

AUTUN, (*Saône et Loire.*)
Comme à DIJON.

AUXERRE, (*Yonne.*)
Comme à PARIS.

AUXONNE, (*Côtes d'or.*)
Comme à DIJON.

AVALONS, (*Yonne.*)
Comme à DIJON.

AVESNE, (*Nord.*)
Les lettres de change, billets valeur comptant, billets en marchandises, sont exigibles 6 jours après l'échéance.

AVIGNON, (*Vaucluse.*)
Comme à BORDEAUX.

BALE, (SUISSE.)
Il n'y a point de jour de faveur fixe pour les lettres de change. Pour le reste *voyez* GENÈVE.

BAPAUME, (*Pas-de-Calais.*)

Lettres de change,
Billets valeur comptant, } 10 jours.
Billets en marchandises, 1 mois.

BARCELONE, (Espagne.)

L'usance des lettres de Barcelone est réputée de 60 jours de date.
Voyez, Madrid.

BARFLEUR, (*Manche.*)
Comme à Rouen.

BAR-SUR-AUBE, (*Aube.*)
Comme à Troyes.

BAR-SUR-SEINE, (*Aube.*)
Comme à Dijon.

BAVAY, (*Nord.*)

Les lettres de change, billets valeur comptant et billets en marchandises, sont exigibles 6 jours après l'échéance.

BAYEUX, (*Calvados.*)
Comme à Paris.

BAYONNE, (*Basses-Pyrénées.*)

Dans la rigueur, tous billets et lettres de change ne jouissent d'aucuns jours de grace; mais il est d'usage assez constamment reçu, que le porteur ne se présente pour toutes sortes d'effets, que le dixième jour, c'est-à-dire, qu'on n'envoie recevoir que le 30 une lettre ou billet échu le 20. Cependant si l'on se présentoit le lendemain 21, on pourroit protester faute de paiement.

BEAUCAIRE, (*Gard.*)
Comme à Toulouse.

Nota. Les effets payables en foire, ne peuvent s'*exiger* ou *protester* que le dernier jour de la foire.

BEAUFORT, (*Maine et Loire.*)
Comme à ANGERS.

BEAUFORT, (*Aube.*)
Comme à TROYES.

BEAUJEU, (*Rhône.*)
Comme à PARIS.

BEAUMONT, (*Jemmapes.*)
Comme à VALENCIENNES.

BEAUMONT-LE-ROGER, (*Eure.*)
Comme à ROUEN.

BEAUMONT-SUR-OISE, (*Seine et Oise.*)
Comme à PARIS.

BEAUVAIS, (*Oise.*)
Comme à PARIS.

BERGAME, (ITALIE.)

Les lettres de change tirées sur Bergame, n'ont aucuns jours de grâce. Elles doivent être présentées à l'acceptation le même jour qu'on les reçoit; à défaut d'acceptation, on doit les protester, ainsi que le jour de l'échéance, à défaut de paiement. Les protêts doivent être faits à la banque de la jurisdiction de commerce.

Nota. Bergame tire sur les places de sa correspondance, aux mêmes usances que Venise.

L'usance des lettres tirées de Venise et Milan sur Bergame, y est composée de 20 jours; et celles tirées de Zurich, de 15 jours après l'acceptation.

BERLIN, (PRUSSE.)

L'usance de Berlin, pour la plupart des places de sa correspondance, est de 15 jours de vue; et celle des lettres sur Berlin, est de 14 jours.

Les lettres de change y jouissent, suivant l'édit du roi de

1751, de trois jours de faveur, moyennant que le dernier ne soit point fête pour les chrétiens ou pour les juifs, attendu que dans un tel cas, le paiement doit se faire la veille. Il est néanmoins sans conséquence pour le porteur d'une lettre de change, d'y laisser passer le troisième jour de faveur, pourvu que le protêt, à défaut de paiement, ait lieu le lendemain.

BERNAI, (*Eure.*)
Comme à ROUEN.

BERNE, (SUISSE.)
Il n'y a point de change établi à Berne; on s'y règle sur Genève.

BESANÇON, (*Doubs.*)
Les délais sont les mêmes que ceux établis par l'arrêt du parlement de Bourgogne. *Voyez* DIJON.

BETHUNE, (*Pas-de-Calais.*)
Les lettres de change,
Billets valeur reçue comptant, } 10 jours.
Billets en marchandises, 1 mois.

BÉZIERS, (*Hérault*)
Comme à TOULOUSE.

BILBAO, (ESPAGNE.)
L'uso des lettres de France est d'un mois, et celui des lettres des autres pays étrangers de 2 mois; elles jouissent toutes de 14 jours de faveur; le quart de mois est de 7 jours, et le demi-mois est de 15 jours.

Voyez ESPAGNE.

BLAYE, (*Gironde.*)
Comme à BORDEAUX.

BLOIS, (*Loir et Cher.*)
Comme à CHARTRES.

BOLOGNE, (Italie.)

L'usance des lettres de change sur Bologne, est comptée de huit jours après l'acceptation, non compris celui de l'acceptation, ni celui de l'échéance; en sorte qu'une lettre à usance qui seroit acceptée, par exemple, le 3 du mois, devroit être payée, le 12 du même mois, ou protestée le même jour, à moins que ce ne fût un jour de fête; en ce cas, cette lettre ne devroit être payée que le premier jour ouvrier suivant, et à défaut de paiement, protestée le même jour.

BOLZAN, (Allemagne.)

Il n'est point d'usage de fournir des lettres de change payables dans Bolzan, hors le temps des foires, lesquelles y sont principalement destinées pour faire les paiemens. Mais les lettres de change payables dans les foires, y doivent être acceptées pendant les douze premiers jours de chaque foire, parce que les paiemens en ont lieu depuis le troisième jusqu'au quinzième jour inclusivement. Si, à cette époque, il s'en trouve qui n'ait point été acceptées ou payées, elles doivent s'y protester le quinzième jour, avant le coucher du soleil. Il n'y est pas permis au reste, d'accepter, de payer ou de faire protester des lettres de change ou des billets endossés, sous peine, pour ceux qui contreviendront à cette ordonnance, de deux cens écus d'amende.

BORDEAUX, (*Gironde.*)

Lettres de change, } 10 jours, que le porteur peut
Billets valeur comptant (*), } accorder ou refuser; mais
Billets en marchandises, } qu'il est d'usage d'accorder.

Les lettres à vue sont payées à leur présentation.

Celles à plusieurs jours de vue ou à usance, ont 10 jours de grace.

Le protêt d'un billet en marchandises peut être différé de 5 mois, sans nuire à la garantie du porteur.

Les billets payables à un jour fixe de la foire doivent être, à la rigueur, payés ou protestés le même jour. Il est cependant d'usage de garder les protêts jusqu'au dernier jour de la foire.

Les billets payables indéfiniment en foire ne sont exigibles, et ne peuvent être protestés que le dernier jour de la foire.

(*) *Et sont réputés tels tous les billets qui sont exprimés autrement qu'en marchandises.*

BOUCHAIN, (*Nord.*)

Les lettres de change, billets valeur comptant, et billets en marchandises, sont exigibles 6 jours après l'échéance.

BOULOGNE, (*Pas-de-Calais.*)
Comme à PARIS.

BOURGES, (*Cher.*)
Comme à PARIS.

BRANDEBOURG, (ALLEMAGNE.)
Comme à BRUNSWICK.

BREMEN, (ALLEMAGNE.)

L'usance des lettres de change tirées sur Bremen, de l'Allemagne, est de 15 jours de vue, et celle des lettres de Londres d'un mois de date.

Les lettres de change payables dans Bremen jouissent de 8 jours de faveur, hors celles qui sont à certains jours déterminés de vue, et celles qui sont payables au porteur.

BRESLAU, (ALLEMAGNE.)

L'usance des lettres de change est comptée à Breslau pour 14 jours après la date de l'acceptation : la demi-usance est de 8 jours.

Les lettres de change payables dans Breslau, jouissent seulement de 3 jours de faveur, en vertu de l'ordonnance du Roi de Prusse de 1751. Mais celles qui sont payables pendant les deux foires qui s'y tiennent tous les ans, doivent être acquittées pendant les derniers quatre jours de chaque foire qui en dure huit ; et il est nécessaire, au défaut de paiement, de les faire protester le même jour avant le coucher du soleil.

BREST, (*Finistère.*)
Comme à RENNES.

BRIOUDE, (*Haute-Loire.*)

Lettres de change,
Billets valeur reçue comptant, } 10 jours.

Billets en marchandises, 1 mois.
Il n'y a point de jours de grace, lorsque l'effet est payable à jour préfix.

BRUGES, (*Lys*.)
Comme à ANVERS.

BRUNSWICK, (ALLEMAGNE.)
Cette ville tire ordinairement à 14 jours de vue, ou de la date de l'acceptation: les lettres payables dans les deux foires de cette ville s'acceptent le vendredi de la première semaine de la foire, et le paiement s'en doit faire le jeudi de la seconde semaine.

Il n'y a point de jour de faveur fixe pour les lettres de change, mais les porteurs peuvent, dans certains cas, en accorder jusqu'à trois.

BRUXELLES, (*Dyle*.)
On y tire les lettres de change à 1 ou 2 usances, à 1 ou plusieurs mois de date.

Les lettres de change payables dans Bruxelles ne jouissent que de 6 jours de faveur, après leur échéance; en cas de refus de paiement, le protêt y doit avoir lieu le sixième jour, à défaut de quoi, non seulement les porteurs, mais encore les tireurs de lettres de change en souffrance, perdent le droit qu'ils ont à la charge de l'acceptant.

Les lettres de change payables à vue y doivent être acquittées dans les vingt-quatre heures de leur présentation.

CADIX, (ESPAGNE.)
L'uso des lettres d'Angleterre, de Hollande, de Hambourg et autre pays étrangers, excepté celles de France, est de 60 jours, et jouissent de 6 jours de faveur. L'uso des lettres de France est d'un mois, et jouissent des mêmes jours de faveur.

Voyez ESPAGNE.

CAEN, (*Calvados*.)
Et dans les villes circonvoisines, les lettres de change et billets valeur reçue comptant, 10 jours de grace.

Les billets en marchandises, 1 ou 3 mois, à la volonté du porteur.

CAHORS, (Lot.)
Comme à Toulouse.

CALAIS, (Pas de calais.)
Comme à Paris.

CAMBRAI, (Nord.)
Six jours de grace pour toutes sortes d'effets.

CARCASSONNE, (Aude.)
Le porteur a la faculté de protester à l'échéance, ou d'attendre 10 jours pour les lettres de change et billets valeur reçue comptant, et trois mois pour les billets en marchandises.

CASTELNAUDARI, (Aude.)
Comme à Toulouse.

CASTRES, (Tarn.)
Comme à Toulouse.

CHALONS-SUR-MARNE, (Marne.)
Les lettres de change ont 10 jours de grace :
1°. Celles payables à jour fixe ou préfix ne jouissent d'aucuns jours de faveur ;
2°. Celles payables en foires doivent être payées ou protestées le dernier jour de la foire.
Billets valeur reçue comptant, 10 jours.
Billets en marchandises, 1 ou 3 mois.
A jour fixe, point de jours de grace.

CHALONS-SUR-SAONE, (Saône et Loire.)
Comme à Dijon.

CHARLEVILLE, (Ardennes.)
Comme à Troyes.

CHARTRES, (Eure-et-Loire.)
Comme à PARIS.

CHATEAU-GONTIER, (Mayenne.)
Comme à ANGERS.

CHATELLERAULT, (Vienne.)
Lettres de change,
Billets valeur comp*ant*, } 10 jours de grace.
Billets en marchandises,
Nota. Pour les billets en marchandises, le porteur peut attendre 3 mois sans perdre son recours.
On ne proteste point la veille des fêtes.

CHAUMONT, (Haute-Marne.)
Comme à TROYES.

CHERBOURG, (Manche.)
Comme à ROUEN.

CHIMAI, (Jemmapes.)
Comme à VALENCIENNES.

CLAMECY, (Nièvre.)
Comme à PARIS.

CLERMONT-FERRANT, (Puy-de-Dôme.)
Comme à PARIS.

CLERMONT-LODÈVE, (Hérault.)
Comme à ALAIS.

COGNAC, (Charente.)
Comme à ANGOULÊME.

COLOGNE, (Roër.)
L'usance des lettres de change payables dans Cologne, est de 14 jours de vue.

Les lettres de change y jouissent de 6 jours de faveur; en cas de refus de paiement, le protêt doit se faire le sixième, et si c'est un jour de fête, le lendemain.

COMPIEGNE, (Oise.)
Comme à PARIS.

CONDÉ, (Nord.)
Les lettres de change, billets valeur reçue comptant et billets en marchandises, sont exigibles 6 jours après l'échéance.

COPENHAGUE, (DANNEMARCK.)
Les lettres de change sur Amsterdam, Hambourg et Londres s'y tirent à 2 mois, ou à 15 jours de date ou de vue, celles qui sont payables dans Copenhague, y jouissent après leur échéance, de 8 jours de faveur, dans lesquels se comptent les dimanches et fêtes. Quoique le protêt, à défaut de paiement, peut s'y faire le huitième jour de faveur, l'on peut, sans préjudice, attendre jusqu'au dixième jour pour en lever l'acte requis.

CORMEILLES, (Eure.)
Comme à ROUEN.

COSNE, (Nièvre.)
Comme à PARIS.

CRACOVIE, (POLOGNE.)
Cette ville tire sur Amsterdam et Hambourg à 40 jours de date; sur Berlin, Breslau, Konisberg, Leipsick, Francfort et Nuremberg, à usance de 14 jours de vue. — Les lettres à une ou plusieurs usances y ont 10 jours de faveur; celles à quelques jours de vue n'en ont que 3, et celles à vue doivent être payées vingt-quatre heures après la présentation. — L'usance y est comptée de 14 jours après l'acceptation.

CRÉMONE, (ITALIE.)
Comme à MILAN.

CREVE-COEUR, (*Nord.*)
Comme à AMIENS.

D'AMERY, (*Marne.*)
Comme à TROYES.

DANTZICK, (*Prusse.*)
Tire sur Amsterdam à 40 jours de date, et sur Hambourg à 3 ou 6 semaines de date. Les lettres y ont 10 jours de faveur après leur échéance, à moins qu'elles ne soient à vue, alors elles doivent être acquittées dans les vingt-quatre heures. Celles à quelques jours de vue jusqu'à 14, y ont 3 jours de grace.

Voyez CRACOVIE pour les autres usages.

DARNETAL, (*Seine-inférieure.*)
Comme à ROUEN.

DECISE, (*Nièvre.*)
Comme à NEVERS.

DIEPPE, (*Seine-inférieure.*)
Comme à ROUEN.

DIJON, (*Côtes d'or.*)
On suit un arrêt de réglement du 30 avril 1773, qui ordonne » que *toutes lettres de change et billets à ordre* » *valeur reçue comptant*, qui doivent être payés à Dijon et » dans les autres villes, bourgs et lieux du ressort de la cour, » jouiront de 10 jours de grace, sans que, pendant ledit délai, » on puisse les faire payer ou protester avant le dixième jour.
» Que les billets à ordre ou au *porteur*, ou de simples » promesses négociables, causés pour valeur reçue en mar- » chandises, jouiront d'un mois de grace.
» Que dans le cas où le jour fixé pour le protet des lettres » ou billets, échéroit un jour de fête ou de dimanche, le protet » pourra être fait ledit jour : à l'effet de quoi enjoint à tous » huissiers de le faire à la première réquisition du créancier, » sans qu'on puisse protester la veille.

» Ordonne que tous les effets de commerce ne jouiront
» d'aucuns jours de grâce, lorsque le mot préfix se trouvera
» joint au terme du paiement.
Ordonne pareillement que tous effets payables en foire,
échéront le dernier jour de foire. »

DINANT, (Côtes du nord.)
Comme à RENNES.

DOL, (Ille-et-Vilaine.)
Comme à RENNES.

DONCHERI, (Ardennes.)
Comme à TROYES.

DONZI, (Nièvre.)
Comme à NEVERS.

DOUAI, (Nord.)
Six jours pour tous les effets de commerce.

DOURDAN, (Seine et Oise.)
Comme à PARIS.

DREUX, (Eure-et-Loire.)
Comme à PARIS.

DUBLIN, (IRLANDE.)
Comme à LONDRES.

DUNKERQUE, (Nord.)
Tous les effets de commerce y jouissent de 10 jours de grâce. Ils doivent être protestés le dixième jour préfix, ni plutôt, ni plus tard, même quand le jour tombe un dimanche ou une fête. Tel est l'usage immémorial de cette place.

ELBOEUF, (Seine inferieure.)
Comme à ROUEN.

ELSENEUR, (Dannemarck.)
Comme à Copenhague.

ÉPERNAY, (Marne.)
Comme à Paris.

ESPAGNE.

Les lettres de change de France, Angleterre, Hollande, Gênes et de tout le nord, qui sont tirées à *uso* ou usance, qui s'entend à 2 mois ou à tant de jours de date ou de vue, jouissent de 14 jours de faveur.

L'*usance de France* n'est comptée en Espagne que pour 1 mois.

L'uso ou usance des lettres tirées de Rome, est compté de 90 jours, mais elles n'ont point de jours de faveur, non plus que les lettres de change à vue.

Les lettres non acceptées n'ont point de jours de faveur; il faut tirer le protêt qui doit être remis, et garder la lettre jusqu'à l'échéance. Au cas qu'on voulut l'accepter avant l'expiration du terme, l'acceptant jouiront alors des jours de faveur. Il y a cependant des exceptions à faire.

Suivant une vieille loi de Castille, qui est encore dans toute sa force en Espagne, un négociant qui aura accepté une lettre de change, a le droit d'en refuser le paiement à l'échéance, au cas qu'il puisse prouver qu'il n'a pas de fonds du tireur, ou de celui pour le compte duquel il se sera obligé, par son acceptation, d'acquitter la même lettre de change.

Voyez Madrid, Cadix, Barcelone et Bilbao.

ETAMPES, (Seine et Oise.)
Comme à Paris.

EU, (Seine-inférieure.)
Comme à Rouen.

EVREUX, (Eure.)
Comme à Rouen.

FALAISE, (Orne.)
Comme à Rouen.

FÉCAMP, (*Seine-inférieure.*)
Comme à ROUEN.

FLORENCE, (ITALIE.)

Les lettres de change tirées de Rome et de Vénise, s'acceptent d'ordinaire le samedi de la semaine de leur arrivée à Florence, et se paient 2 semaines après ledit jour; ainsi cette usance est de 15 jours.

Les lettres de Bologne sont acceptées également un samedi et doivent être payées le samedi suivant, l'échéance n'étant que de 8 jours.

Comme il n'y a point de jours de faveur déterminés pour les lettres de change payables dans Florence, il faut que le paiement ait lieu à l'échéance avant le départ de la poste pour le lieu d'où elles auront été tirées.

FONTAINE-L'ÉVÊQUE, (*Jemmapes.*)
Comme à VALENCIENNES.

FONTENAY-LE-COMTE, (*Vendée.*)
Comme à POITIERS.

FRANCE.

L'usance des lettres de change tirées d'Espagne et de Portugal, est comptée en France pour 60 jours, et celles des lettres des autres pays seulement pour 30 jours : on tire d'ailleurs des lettres sur France, à diverses échéances, comme d'un ou plusieurs mois de date, à plusieurs jours de date ou de vue : toutes y jouissent de 10 jours de faveur après celui de leur échéance respective, même celles qui y sont payables à certains jours déterminés de date ou de vue. Si le paiement n'a pas lieu le dernier jour de grace ou de faveur, il faut que le protêt se fasse sans aucun délai le dixième jour de faveur, ou la veille de ce jour-là, s'il tombe le dimanche ou quelque jour de fête. En cas de protêt, l'acte en devra être fait en due forme, n'étant pas permis qu'aucun autre acte puisse en tenir lieu, par quelque motif que ce soit.

FRANCFORT SUR LE MEIN, (ALLEMAGNE.)
Toutes les lettres de change sur Francfort y doivent être

payées en carolins, à moins qu'elles ne soient stipulées autrement.

L'usance des lettres sur cette place est de 14 jours de vue, qui commencent le jour de l'acceptation.

Les lettres de change à usance et à quelque jours de vue, y ont quatre jours de grace, dans lesquels les fêtes et dimanches *ne sont point compris*. Les lettres à vue n'ont point de jours de faveur.

GAND; (*Escaut.*)
Comme à Bruxelles.

GÊNES, (Italie.)

Tire sur Amsterdam à usance de 2 mois de date; Cadix et Madrid à 60 et 90 jours de date; Lisbonne et Londres à usance de 3 mois de date; Messine, Palerme, Rome et Naples à tant de jours de vue ou de date; Milan et Livourne à 8 jours de vue; Novi en foires; Paris, Lyon et Marseille à 30 et 60 jours de date; Vénise à 15 jours de vue; Augsbourg et Vienne à usance de 14 jours de vue.

Trente jours de grace sans que le porteur soit responsable de rien; mais il est en droit de faire protester dès le premier jour après l'échéance.

GENÈVE, (*Léman.*)

L'usance des lettres de change tirées de Hollande, d'Angleterre et de France sur Genève, est d'un mois de trente jours; et si elles sont d'Italie ou d'Allemagne, l'usance est de 15 jours de vue.

Genève tire aux échéances ci-après :
Savoir ;

Sur		
	Amsterdam, Londres,	à deux usances.
	Augsbourg, Nuremberg, Francfort, Leipsick,	à 14 jours de vue ou en foires.
	Livourne, Milan,	à 8 jours de vue.
	la France,	à vue, à courts jours, à usance et en paiement.

Toutes les lettres sur Genève sont payées en argent courant, excepté qu'elles ne soient stipulées en quelques autres espèces.

Les lettres y ont 5 jours de grace, le dimanche compris.

L'usance de Genève est de 30 jours.

Ceux qui ont quelque garantie à exercer contre des marchands de Genève, au sujet des lettres de change tirées ou endossées par eux, et protestées à Genève, sont obligés de faire signifier les protêts dans les termes ci-après :

Ceux demeurant dans la ville, dans 8 jours ;

Ceux de Lyon, de Suisse et de Savoie, dans 1 mois ;

Ceux d'Angleterre, de Suède et Danemarck, dans 3 mois ;

Ceux d'Espagne et de Portugal, dans 4 mois.

Si les lettres ont été protestées hors de la ville, les diligences pour recourir contre un habitant de Genève, sont les mêmes que ci-dessus ; le tout à compter de la date du protêt ; à faute de ce, les porteurs desdites lettres seront déchus du droit qu'ils pourroient avoir contre les tireurs et endosseurs.

GIEN, (*Loiret.*)

Comme à AUXERRE.

GISORS, (*Eure.*)

Comme à ROUEN.

GOURNAY, (*Seine inférieure.*)

Comme à ROUEN.

GRANVILLE, (*Manche.*)

Comme à ROUEN.

GRASSE, (*Var.*)

Comme à ARLES.

GRENOBLE, (*Isère.*)

Le porteur peut faire le protêt le lendemain de l'échéance de tous les effets ; comme il a la faculté d'accorder 10 jours pour les lettres de change et billets valeur reçue comptant, et 3 mois pour les billets en marchandises.

GUIBRAY, (Orne.)

Les effets payables en foire, soit qu'ils soient causés valeur en marchandises, ou autrement, sont exigibles le huitième jour de la foire préfix, *à compter du* 15, les fêtes non comprises.

On fait aussi des billets payables à un tel jour de la foire, comme le premier, le second, le troisième, etc. Ces billets n'ont point de jours de grace, quelle que soit la valeur y exprimée.

HAMBOURG, (Allemagne.)

Hambourg tire ordinairement aux échéances ci-après, sur les places de sa correspondance.

Sur
Amsterdam,	à 1 ou 2 mois, à tant de jours ou de semaine de date.
Augsbourg, Nuremberg,	à 30 jours de date.
Breslau, Prague, Vienne,	à 4 semaines de date.
Copenhague,	à tant de semaines de date.
Francfort sur le Mein, Leipsick,	En foire et à quelques semaines de date.
Cadix, Lisbonne, Venise,	à 2 mois d'usance et 30 jours de date, c'est-à-dire, 60 jours de date.
Paris, Londres,	à 2 usances de 30 jours de date.

On a 12 jours de grace, compris les dimanches et fêtes, pour le paiement des lettres de change à Hambourg. Si le douzième jour se trouve fête, il faut protester la veille, ou le onzième jour.

La plupart des négocians ne profitent pas des jours de faveur, et paient le jour de l'échéance même.

Les lettres à vue acceptées, et celles à quelques jours de vue, jouissent des jours de faveur.

Les lettres sur Hambourg, à usance ou mois de date, échoient à la même date qu'elles sont tirées : par exemple, une tirée le 24 mars, échoit le 24 avril.

La banque ne se ferme qu'une fois l'année, savoir, le 31 décembre, et se rouvre le 14 janvier.

Les lettres qui échoient le 31 décembre, ou quelques jours auparavant, doivent être payées avant la fermeture de la banque, et ne jouissent d'aucuns jours de grace; celles qui n'échéroient que les 2, 4 ou 6 de janvier, ne peuvent être payées que le 14, et pour lors elles ne jouissent d'aucuns jours de faveur.

HANOVRE, (Allemagne.)
Comme à Brunswick.

HARFLEUR, (Seine inférieure.)
Comme à Rouen.

HAVRE-DE-GRACE, (Seine inférieure.)
Comme à Rouen.

HENNEBON, (Morbihan.)
Comme à Rennes.

HONFLEUR, (Calvados.)
Comme à Rouen.

HOUDAN, (Seine et Oise.)
Comme à Chartres.

ISIGNY, (Calvados.)
Comme à Caen.

ISSOUDUN, (Indre.)
Comme à Bourges.

JOIGNI, (Yonne.)
Comme à Sens.

JOINVILLE, (Haute-Marne.)
Comme à Paris.

KOENISBERG, (Prusse.)

Les lettres sur Koenisberg ne jouissent que de 6 jours de grace.

Voyez DANTZICK.

LA CHARITÉ (*Nièvre.*)
Comme à NEVERS.

LA HOGUE, (*Manche.*)
Comme à CAEN.

LAMBALLE (*Côtes du nord.*)
Comme à RENNES.

LANDRECIES (*Nord.*)

Les lettres de change, billets valeur comptant et billets en marchandises, sont exigibles 6 jours après l'échéance.

LANGRES (*Haute-marne.*)
Comme à PARIS.

LAON, (*Aisne.*)
Comme à PARIS.

LA ROCHELLE, (*Charente inférieure.*)
Comme à PARIS.

LAVAL, (*Mayenne.*)

Les lettres de change et billets valeur reçue comptant, 10 jours de grace.
Les billets en marchandises 1 mois.

LAVAUR, (*Tarn.*)
Comme à TOULOUSE.

LAUSANNE, (Suisse.)

Les lettres sur Lausanne sont pour l'ordinaire à tant de jours de date ou de vue. Il n'y a point de jours de grace.

LEIPSICK, (Allemagne.)

L'acceptation des lettres de change tirées en foire, se fait ordinairement le second jour après leur ouverture; il est néanmoins permis d'en remettre l'acceptation jusqu'à la semaine des paiemens, laquelle ne commence qu'après la publication de la fin des foires, et dure jusqu'au cinquième jour suivant, inclusivement, pendant lequel temps elles doivent être protestées, faute de paiement; on peut le faire jusqu'à dix heures du soir du cinquième jour, et plus tard on ne seroit pas reçu.

L'usance de Leipsick est de 14 jours de vue, qui ne se comptent que du lendemain de l'acceptation; ainsi une lettre qui seroit acceptée le premier jour d'un mois, est payable le 15; et si ce jour étoit un dimanche, elle le seroit le samedi.

Il n'y a point de jours de grace à Leipsick; pour être en règle, il faut faire protester le jour même de l'échéance.

On ne peut exiger l'acceptation des lettres payables au-delà de l'usance, que lorsqu'il n'y a que l'usance à courir.

LENS, (Pas-de-Calais.)

Lettres de change,
Billets valeur comptant, } 10 jours.
Billets en marchandises, 1 mois.

Voyez SAINT-QUENTIN.

LE QUESNOY, (Nord.)

Les lettres de change, billets valeur comptant, et Billets en marchandises, sont exigibles 6 jours après l'échéance.

LIÉGE (Ourthe.)

Cette ville n'a point d'échéances fixes; on tire sur elle à 1 ou 2 mois de date le plus souvent.

LILLE, (Nord.)

Les lettres et billets jouissent de 6 jours de grace; mais pour être en règle il faut faire protester le sixième jour.

Les lettres de change à vue jouissent également de 6 jours de grace à moins qu'il n'y soit spécifié *à vue prefix*; ou *à vue sans jours de grace*.

LILLERS (*Pas-de-Calais.*)

Les lettres de change,
Billets valeur comptant, } 10 jours.
Billets en marchandises, 1 mois.

Voyez SAINT-QUENTIN.

LIMOGES, (*Haute-vienne.*)

Les jours de grace sont à la volonté du porteur, qui, pour les lettres de change, peut attendre 10 jours, où protester le lendemain; de même pour les billets valeur reçue comptant.

Il peut aussi attendre 3 mois pour les billets valeur en marchandises.

LISBONNE, (PORTUGAL.)

L'usance des lettres de change d'Espagne à Lisbonne est de 15 jours de vue; celles des lettres de Londres, de 30 jours de vue; celles des lettres de Hollande et d'Allemagne, de 2 mois de date; celles des lettres de France de 60 jours de date; celles enfin des lettres d'Italie et d'Irlande, de 3 mois de date.

Les lettres acceptées à Lisbonne ont 6 jours de *faveur*, (il faut en excepter celles tirées du Portugal, qui en ont 15;) celles qui ne sont pas acceptées, ne jouissent d'aucun jour de grace, et doivent être protestées le jour même de leur échéance.

LISIEUX, (*Calvados.*)

Comme à ROUEN.

LIVOURNE, (ITALIE.)

On tire de Livourne les lettres de change à divers termes, dont les plus en usage sont de plusieurs jours de vue, sur l'Italie et l'Allemagne, ou pour les paiemens des foires; d'une usance de 30 jours sur la France; d'une usance de 60 jours sur l'Espagne, Hambourg et la Hollande; et de 3 mois de date sur l'Angleterre et le Portugal.

L'usance des lettres de change payables dans Livourne, comprend les échéances suivantes: 2 mois de date pour les lettres d'Amsterdam, Anvers, Hambourg, Cologne et l'Espagne; 30 jours de date pour les lettres de France; 3 mois de date pour les lettres d'Angleterre et de portugal; 20 jours de date pour les lettres de Naples, Vénise, Crémone Plaisance, Bergame, Mantoue, Régio et modène ; 5 jours de vue pour les lettres de Bologne, Florence, Lucques, Pistoie, Sienne, Pise et Ferrare ; 8 jours de vue pour les lettres de Gênes, Milan, Turin et Masse ; 1 mois de vue, ou 2 mois de date pour les lettres de Palerme et de Messine ; 1 mois de vue pour les lettres de Sardaigne ; 45 jours de date pour les lettres d'Avignon ; 5 jours de vue pour les lettres de Pérouse ; 27 jours de vue pour les lettres de Tarente, Barri et Lecce ; 10 jours de vue, ou 15 jours de date pour les lettres de Rome, et 8 jours de vue pour les lettres de la Suisse.

Il y a 3 jours dans la semaine pour payer les lettres de change échues, qui n'ayant aucun jour de faveur, doivent être payées le lundi, le mercredi ou le vendredi qui se rencontrent à la suite du jour de l'échéance. Si quelqu'un de ces jours-là est fête, le paiement d'une lettre de change échue, doit se faire la veille, supposé aussi que ce ne soit pas un jour de fête.

LOCHES, (*Indre et Loire.*)
Comme à TOURS.

LODÈVE, (*Hérault.*)
Comme à TOULOUSE.

LONDRES, (ANGLETERRE.)

Les lettres à vue doivent être payées à leur présentation, sinon protestées sur le champ, celles à termes quelconques ont 3 jours de grace, qui commencent le lendemain de l'échéance ; et si le troisième jour tombe un dimanche, on peut protester la veille ou le lendemain.

On tire les lettres de change sur la France, la Hollande et Hambourg, à plusieurs jours de date ou de vue, ou à 2 usances d'un mois chacune ; sur l'Espagne et le Portugal à 1 usance et demie de 2 mois chacune ; sur l'Italie à uso de 3 mois ; sur l'Irlande à 21 jours de vue.

L'ORIENT, (*Morbihan.*)
Comme à RENNES.

LOUDUN, (*Vienne.*)
Comme à CHATELLERAULT.

LOUVIERS, (*Eure.*)
Comme à ROUEN.

LUBECK, (ALLEMAGNE.)
Les lettres de change payables dans Lubeck jouissent de 10 jours de faveur après celui de l'échéance.

LUÇON, (*Vendée.*)
Comme à NIORT.

LUNEBOURG, (ALLEMAGNE.)
Comme à BRUNSWICK.

LYON, (*Rhône.*)
Les lettres tirées sur Lyon ne s'acceptent pas ; et comme il n'y a aucun jour de grace, elles doivent être payées le jour de leur échéance ; et à défaut protestées le lendemain.

Les billets et promesses, même ceux stipulés *valeur reçue en marchandises*, sont pareillement exigibles le jour de leur échéance ; et à défaut de paiement, sont protestés le lendemain, suivant l'usage de cette place, sans y jouir d'aucuns jours de grace.

MACON, (*Saône et Loire.*)
Point de jours de grace pour aucun effet. Le porteur a la faculté de faire protester le lendemain de l'échéance, ou dans les 10 jours, à son choix.

MADRID, (ESPAGNE.)
L'uso des lettres de Paris, Marseille, Londres, Gênes et Livourne, est compté pour 60 jours de date, et elles ont 14 jours de faveur. L'uso des lettres de Hollande et de Hambourg est de 2 mois, et mêmes jours de faveur. Les lettres de change tirées de Bilbao sur Madrid, jouissent dans cette dernière, de 19 jours de faveur après leur échéance. Celles des autres villes du royaume n'en ont que 18, lorsque les lettres de change ne sont point à certains jours préfix, ou à simple vue ; car dans ces cas celles-ci doivent être acquittées à leur présentation, ou protestées sur-le-champ en cas de refus de paiement.

Les lettres tirées de Cadix, Alicante, Valence, Barcelonne et Séville, ne jouissent que de 8 jours de faveur.

MAGDEBOURG, (Allemagne.)
Comme à Brunswick.

MAILLEZAIS, (Vendée.)
Comme à Niort.

MALTE.
L'usance de Malte sur Livourne, est de 30 jours de vue ou de 2 mois de date.

MANS, (Sarthe.)
Les lettres et billets censés valeur comptant ou en marchandises, n'ont que 10 jours de grace. Cependant le protêt d'un billet en marchandises, fait dans les 3 mois, y compris les 10 jours, seroit valable.

MARIENBOURG, (Sambre et Meuse)
Comme à Valenciennes.

MARSEILLE, (Bouches du Rhône.)
L'usance des lettres de change d'Espagne et de Portugal, payables dans Marseille, est comptée pour 60 jours; celle des lettres de change tirées des autres pays est de 30 jours.

Les lettres de change payables dans Marseille, jouissent de 10 jours de faveur, suivant l'usage de Paris et des autres villes de France.

Cet usage y est généralement reçu et suivi, mais il ne peut déroger à la loi de la ville de Marseille, qui ordonne que les lettres de change qui y sont payables, soient duement acquittées à l'expiration de leurs échéances.

Les lettres de change payables à vue dans Marseille, qui ne seront point payées à leur présentation, doivent être protestées avant le dixième jour de faveur. C'est ordinairement le neuvième jour que s'en fait le protêt à défaut de paiement.

MAUBEUGE, (*Nord.*)

Lettres de change,
Billets valeur comptant, } exigibles 6 jours après l'échéance.
Billets en marchandises,

MAYENCE, (*Mont-tonnerre.*)
Comme à FRANCFORT.

MAYENNE, (*Mayenne.*)

Lettres de change,
Billets valeur reçue comptant, } 10 jours.
Billets en marchandises, 1 mois.

MEAUX, (*Seine et Marne.*)
Comme à PARIS.

MEMEL, (*Prusse.*)
Comme à KOENISBERG.

MESSINE, (SICILE.)

Tire sur Livourne et Gênes, à usance d'un mois après l'acceptation, ou de 2 mois de la date, de tant de jours de vue et de date; sur Rome, Venise et Naples, à 8 ou 15 jours de vue; sur Londres, Paris et Amsterdam, à 3 mois de date ou de 90 jours; sur Palerme à 5 jours de vue.

L'usance des lettres tirées de l'étranger sur cette ville, est à 20 jours de vue.

Il n'y a point de jours de faveur; les paiemens s'y font le lendemain de l'échéance.

METZ, (*Moselle.*)

Le porteur des lettres de change et billets valeur reçue comptant, ou valeur reçue, peut en exiger le paiement, si bon lui semble, dans tel des 10 jours qui suivent l'échéance.

Les billets en marchandises peuvent également se protester le lendemain; mais il est libre au porteur d'attendre 1 mois, et pas au-delà, c'est-à-dire, qu'il doit protester au plus tard, dans 1 mois, autrement il perdroit sa garantie contre les endosseurs.

MEZIÈRES, (*Ardennes.*)
Comme à PARIS.

MIDDELBOURG, (BATAVIE, *Zelande.*)
Comme à AMSTERDAM.

MILAN, (ITALIE.)

Tire sur Amsterdam à usance de 2 mois de date; sur Augsbourg et Vienne, à usance de 14 jours de vue; sur Gênes et Livourne, à 8 jours de vue; sur Paris et Lyon, à usance de 30 jours; Rome à usance de 3 semaines après l'acceptation; Vénise et Bergame à usance de 20 jours après la date; Londres à usance de 3 mois après la date, et Naples à usance de 15 jours.

L'étranger tire sur cette ville aux mêmes échéances, que ci-dessus.

Il n'y a point de jours de faveur à Milan, cependant le porteur peut accorder quelques jours sans protêt, pourvu qu'il ait eu soin de faire mettre le vu bon du notaire de la chambre des marchands, qui indique le jour de la présentation d'une lettre à vue, ou tant de jours de vue, ou l'échéance fixe d'une lettre à usance.

MIREBEAU, (*Vienne.*)
Comme à CHATELLERAULT.

MONTARGIS, (*Loiret.*)
Comme à PARIS.

MONTAUBAN, (*Lot.*)

Dans cette ville et dans le ressort de la juridiction consulaire, tous les effets de commerce jouissent de 10 jours de grace. Les protêts se font le dernier des 10 jours.

MONTELIMARD, (*Drôme.*)
Comme à GRENOBLE.

MONTPELLIER, (*Hérault.*)

Il n'y a pas de jours de grace acquis; le porteur a le droit de protester le lendemain de l'échéance, comme il a la faculté de ne le faire que dans les 10 jours, pour lettres de change et billets valeur reçue comptant, et même dans 3 mois, pour les billets en marchandises.

MORLAIX, (*Finistère.*)

Les lettres de change et billets valeur comptant, 10 jours. Billets en marchandises, 1 mois.
Voyez RENNES.

MOSCOW, (RUSSIE.)

Comme à ST. PÉTERSBOURG.

MOULINS, (*Allier.*)

Comme à PARIS.

MUNICH, (ALLEMAGNE.)

Comme à AUGSBOURG.

NANCI, (*Meurthe.*)

L'usance est la même qu'à Paris; mais les lettres de change et billets censés valeur reçue comptant, ou en marchandises, ne jouissent d'aucun jour de grace. Les porteurs sont obligés de les faire protester le jour de l'échéance, ou la veille, si elle tombe un jour de dimanche ou fête.

NANTES, (*Loire inferieure.*)

Lettres de change, billets valeur comptant, ou en marchandises, 10 jours de grace; mais pour les billets en marchandises, le porteur a la faculté d'attendre 3 mois.
Voyez FRANCE.

NAPLES, (ITALIE.)

L'usance des lettres de change payables dans Naples est de 8 jours de vue pour celles de Rome; de 20 jours de date pour celles de Florence; de 22 jours de vue pour celles de Gênes et de Livourne; de 15 jours de la date de l'acceptation pour celles de Venise; et de 2 mois de date pour celles de l'Espagne. Les mêmes lettres de change jouissent de 3 jours de faveur, après leurs échéances respectives.

NARBONNE, (*Aude.*)
Comme à CARCASSONNE.

NAUEMBOURG, (ALLEMAGNE.)
On tient tous les ans dans cette ville, une foire qui commence le 29 juin, et qui dure 8 jours. Les lettres de change payables dans cette foire, y doivent être acceptées le 2 juillet avant midi, le paiement y doit avoir lieu le 5 du même mois avant une heure après midi, ou, à défaut d'acceptation ou de paiement, les protêts respectifs doivent se faire les mêmes jours

NÉRAC, (*Lot et Garonne.*)
Comme à BORDEAUX.

NEVERS, (*Nièvre.*)
Comme à PARIS.

NIMES, (*Gard.*)
Comme à MONTPELLIER.

NIORT, (*Deux Sèvres.*)
Tous les effets n'ont que 10 jours, en observant cependant que, pour les billets en marchandises, le porteur peut attendre 3 mois, suivant l'ancien usage, non seulement de cette ville, *mais encore de tout le Poitou.*

NOVI, (ITALIE.)
On n'y paie ni ne peut protester contre le défaut de paiement les lettres de change qui ont des endossemens, il faut qu'elles retournent à leurs endosseurs, ainsi il est essentiel de n'avoir sur cette ville que des lettres tirées sur ses foires au profit direct du porteur, qui ne doit les transporter à d'autres que sur la confiance de son acquit.

NOYON, (*Oise.*)
Comme à PARIS.

NUREMBERG, (ALLEMAGNE.)
L'usance des lettres de change, payables dans Nuremberg,

est comptée pour 15 jours de vue, qui commencent à courir le lendemain du jour de l'acceptation, suivant l'ordonnance du 16 février 1722.

Le mois y est compté selon qu'il se trouve, pour 28, 29, 30 ou 31 jours; mais le demi mois y est de 15 jours seulement.

Les lettres de change payables dans Nuremberg à un ou plusieurs jours de vue, ou à moins que demi mois de date ou de vue ne jouissent point des 6 jours de faveur, qui sont accordés aux autres lettres de change; savoir: à celles qui sont à une ou plusieurs usances, ou mois de date, ou à certains jours préfix.

Si l'échéance et les jours de faveur de ces lettres, tombent pendant les fermetures de la banque de Nuremberg, qui ont lieu, l'une à la fin d'avril, et l'autre à la fin d'octobre; dans ce cas elles doivent être écrites en banque, la veille du jour de la fermeture, aux deux époques marquées.

ORLÉANS, (*Loiret.*)

Les lettres de change et billets à ordre causés valeur reçue comptant, ou en marchandises, ont indistinctement 10 jours de grace; cependant le porteur du billet en marchandises peut attendre 3 mois pour protester, sans perdre sa garantie.

OSTENDE, (*Lys.*)
Comme à Bruxelles.

PALERME, (Sicile).
Comme à Messine.

PARIS, (*Seine.*)

L'usance des lettres sur Paris, est comptée de 30 jours, non compris celui de la date.

Les lettres de change y jouissent de 10 jours de grace après leur échéance, lesquels commencent le lendemain du trentième jour, et finissent le dixième, auquel la lettre doit être payée ou protestée; en sorte qu'une lettre de change tirée le premier septembre, à usance, en y comprenant les 10 jours de grace, doit être payée le 11 octobre.

Les lettres tirées *à vue* et *à jours préfix*, ne jouissent point des 10 jours de grace; celles *à vue* doivent être payées à leur présentation, ou au plus tard 24 heures après; celles *à jours préfix* doivent être acceptées à leur présentation, et payées le jour préfix, porté par la lettre; à défaut de paiment, les unes et les autres doivent être protestées

Les billets et promesses stipulés *valeur reçue en marchandises*, jouissent, suivant l'usage, d'un mois de grace après leur échéance; cependant les porteurs ne seroient en défaut de diligence, que 3 mois après le lendemain de l'échéance, conformément à l'article 31 du titre 5 de l'édit de commerce de 1673; mais les lettres de change, quoique stipulées même suivant la règle ci-dessus, n'ont que 10 jours de grace.

PARTENAY, (*Deux-sèvres.*)
Comme à CHATELLERAULT.

PAU, (*Basses pyrénées*)
Rigoureusement il n'y a point de jours de grace; mais le porteur peut attendre 10 jours après l'échéance, pour faire le protêt des lettres et billets valeur reçue comptant ou en marchandises. Il faut encore observer que, pour ces derniers billets, on n'obtient la condamnation qu'après, ou avec un terme de 3 mois.

PÉRIGUEUX, (*Dordogne.*)
Comme à BORDEAUX.

PERPIGNAN, (*Pyrénées orientales.*)
Tous les effets de commerce y sont exigibles le jour de leur échéance; les jours de grace (c'est-à-dire, pour les lettres et billets valeur comptant, 10 jours; et billets en marchandises, 1 mois.) sont en faveur du porteur, qui peut, si bon lui semble, les accorder, sans nuire à ses droits.

PEZENAS, (*Herault.*)
Comme à TOULOUSE.

PHILIPPEVILLE, (*Sambre et Meuse.*)
Comme à VALENCIENNES.

POITIERS, (*Vienne.*)
Comme à CHATELLERAULT.

PONT-A-MOUSSON, (*Meurthe.*)
Comme à METZ.

PONT-DE-L'ARCHE, (*Eure.*)
Comme à ROUEN.

PONTHIEU, (*Somme.*)
Comme à ABBEVILLE.

PONTIVI, (*Morbihan.*)
Comme à RENNES.

PONTOISE, (*Seine et Oise.*)
Comme à PARIS.

PONTORSON, (*Manche.*)
Comme à ROUEN.

PRAGUE, (BOHÊME,)
L'usance des lettres de change payables dans Prague, se compte ordinairement pour 14 jours après l'acceptation. *Voyez* VIENNE.

QUIMPER, (*Finistère.*)
Comme à RENNES.

QUINTIN, (*Côtes du nord.*)
Comme à RENNES.

RHEIMS, (*Marne.*)
Les lettres de change, 10 jours de grace.
Billets valeur reçue comptant, 10 jours.
En marchandises, 1 ou 5 mois, à la volonté du porteur.
En foire, le dernier jour de la foire.

RENNES, (Ille et vilaine.)

A Rennes, et dans toutes les autres villes de la ci-devant province de Bretagne, excepté à Nantes, les lettres de change, Billets valeur comptant, 10 jours.
Billets en marchandises, 1 mois.
Voyez NANTES.

RÉTHEL, (Ardennes.)
Comme à RHEIMS.

RIGA, (Russie.)
Comme à ST. PÉTERSBOURG.

RIOM, (Puy-de-dôme.)
Comme à PARIS.

Nota. Les protêts ne sont guère en usage que pour les lettres de change; on se contente de faire de simples sommations pour les billets.

ROCHEFORT, (Charente inférieure.)
Comme à LA ROCHELLE.

ROMANS, (Drôme.)
Comme à GRENOBLE.

ROME, (Italie.)

Tire sur Amsterdam, Ancone, Bologne, Florence, Livourne, Milan et Vénise, à usance de 3 semaines après l'acceptation, et sur Paris et Londres à 35 et 40 jours de date.
L'usance des lettres sur Rome, des pays qui ne sont pas sous la domination du Pape, est de 3 semaines après l'acceptation; mais l'usance de celles qui sont tirées des villes du Pape, n'est que de 2 semaines.
Il n'y a aucun jour de grace à Rome.

ROTTERDAM, (Hollande.)

L'usance sur Rotterdam est de 30 jours.
Les lettres à vue doivent être payées à présentation.
Les autres lettres jouissent de 6 jours de grace.

ROUEN, (*Seine inférieure.*)
Comme à l'article FRANCE.

SAINT-AIGNAN, (*Loire et Cher.*)
Comme à BOURGES.

SAINT-BRIEUX, (*Côtes du nord.*)
Comme à RENNES et MORLAIX.

SAINT-CLAUDE, (*Jura.*)
Comme à BESANÇON.
Voyez DIJON.

SAINT-FLOUR, (*Cantal.*)
Comme à CLERMONT.

SAINT-GALL, (SUISSE.)

Tire sur Amsterdam, Londres et Hambourg à 2 et 3 mois de date ; sur Genève à 8 jours de vue, sur Bolzan en foires ; sur Francfort, Leipsick, Nuremberg et Vienne à usance ; sur Milan, Gênes, Livourne et Venise à 1 mois de date ; sur Paris et Lyon à 2 usances ou à tant de jours de vue ; et encore sur Francfort, Leipsick et Lyon en foires.

L'usance des lettres de change sur Saint-Gall est de 15 jours de vue, fêtes et dimanches compris ; la demi-usance de 8 jours.

Les lettres de change payables à un terme plus court qu'une demi-usance, ou plus long qu'une usance et demie, jouissent de 2 jours de faveur ; les autres de 3.

SAINT-JEAN, (*Moselle.*)
Comme à SAINTES.

SAINT-LO, (*Calvados.*)
Comme à ROUEN.

SAINT-MAIXENT, (*Deux-sèvres.*)
Comme à NIORT.

SAINT-MALO, (*Ille et vilaine.*)
Comme à l'article FRANCE.

SAINT-OMER, (*Pas de Calais.*)
Les lettres de change,
Billets valeur comptant, } 10 jours de grace.
Billets en marchandises, 1 mois.

Voyez SAINT-QUENTIN.

SAINT-POL, (*Pas de Calais.*)
Lettres de change,
Billets valeur comptant, } 10 jours.
Billets en marchandises, 1 mois.

SAINT-PÉTERSBOURG, (RUSSIE)
Tire sur Amsterdam et Hambourg à 65 jours de date.

Les lettres de change payables dans cette ville y jouissent de 10 jours de faveur après celui de l'échéance, lors même que les lettres de change seroient échues avant qu'on pût les présenter aux accepteurs pour en obtenir le paiement, faute de les avoir reçues plutôt de l'étranger pour y en faire à temps le requis. Les lettres de change, payables à vue, n'y jouissent que de 3 jours de faveur ; celles à jour préfix doivent être payées le jour de l'échéance. Le protêt doit se faire le dernier jour de faveur, et en cas d'empêchement, le lendemain.

SAINT-QUENTIN, (*Aisne.*)
Les lettres de change,
Billets valeur comptant, } 10 jours.
Billets en marchandises, 1 mois.

SAINT-VALLERY, (*Seine inférieure.*)
Comme à ROUEN.

SAINT-VALLERY, (*Somme.*)
Comme à ABBEVILLE.

SAINTES, (*Charente inférieure.*)
On suit exactement l'ordonnance de 1673.

SANCERRE, (Cher.)
Comme à BOURGES.

SAVONNE, (ITALIE.)
Comme à GÊNES.

SAULIEU, (Côte d'or.)
Comme à DIJON.

SAUMUR, (Mayenne.)
Comme à ANGERS.

SEDAN, (Ardennes.)
Comme à PARIS.

Nota. On proteste la veille quand le jour de l'échéance tombe une fête ou un dimanche ; de même on peut protester le jour du dimanche ou de la fête ; dans l'un et l'autre cas le protêt est bon.

SÉEZ, (Orne.)
Comme à ROUEN.

SEIGNELEY, (Yonne.)
Comme à PARIS.

SÉMUR, (Côte d'or.)
Comme à DIJON.

SENLIS, (Oise.)
Comme à PARIS.

SENS, (Yonne.)
Comme à PARIS.

SÉVILLE, (ESPAGNE.)
Quatorze jours de grace.
Le reste comme à MADRID.

SOISSONS, (*Aisne.*)
Comme à PARIS.

SPA, (*Ourthe.*)
Les lettres de change et billets, de quelque manière qu'ils soient causés, n'ont aucuns jours de grace. Le porteur doit protester le lendemain de l'échéance; autrement il perd son action en garantie.

STOCKOLM, (*Suède.*)
Les lettres tirées sur Stockolm sont payables à jour certain, elles jouissent de 6 jours de grace après leur échéance; mais à défaut de paiement, il faut faire protester le dixième jour.

STRASBOURG, (*Bas-Rhin.*)
Tire sur Paris et Lyon à 1 et 2 usances et à courts jours; Amsterdam et Hambourg à jours nommés; sur Francfort à courts jours et encore sur Lyon en paiemens : L'usance des lettres tirées de l'Allemagne et de Strasbourg, est à 15 jours de vue, et celle des lettres tirées de la France est à 30 jours de date; les jours de faveur ne s'accordent qu'à la volonté du porteur, qui en donne communément 10, ou qui peut protester le jour même de l'échéance au défaut de paiement.

THIERS, (*Puy-de-dôme.*)
Comme à CLERMONT.

THIONVILLE, (*Moselle.*)
Comme à METZ.

THOUARS, (*Deux Sèvres.*)
Comme à CHATELLERAULT.

TOLÈDE, (*Espagne.*)
Comme à MADRID.

TONNERRE, (*Yonne.*)
Comme à PARIS.

TOUL, (*Meurthe*.)
Comme à METZ.

TOULON, (*Var*.)
Comme à MARSEILLE.

TOULOUSE, (*Haute-Garonne*.)
Le porteur d'une lettre de change a la faculté de la faire protester le lendemain de l'échéance, ou d'attendre le dixième jour, sans être exposé à perdre sa garantie.

On suit le même usage pour les billets, avec cette différence, que, pour ceux valeur en marchandises, le porteur peut attendre 3 mois sans nuire à ses droits contre les endosseurs.

Les effets, payables à jour fixe ou préfixe, ne jouissent d'aucuns jours de grace.

TOURS, (*Indre et Loire*.)
Lettres de change, 10 jours de grace.
Billets valeur comptant, 10 jours.
Billets en marchandises, 10 jours; mais le porteur a la faculté de protester dans les 3 mois, sans perdre son action en garantie.

Lorsque l'échéance tombe un jour de fête, le paiement s'exige la veille.

Voyez DIJON.

TREGUIER, (*Côtes du Nord*.)
Comme à RENNES.

TROIES, (*Aube*.)
Comme à PARIS.

TULLE, (*Corrèze*.)
Comme à CLERMONT.

TURIN, (*Italie*.)
Les lettres de change à vue sur Turin, doivent être payée à leur présentation.

Les usances y sont comptées pour les lettres qui viennent de l'étranger ; savoir,

Pour celles d'Angleterre, de 3 mois de date ;
Pour celle de la Hollande, de 2 mois de date ;
Pour la France, d'un mois de date.

Pour toutes les autres places, le terme pour le paiement des lettres de change commence dès le jour qu'on les présente pour l'acceptation, et il expire dans le nombre des jours qu'il faut ordinairement pour l'envoi des lettres et réponses par la voie ordinaire de la poste, depuis le lieu d'où les lettres de change sont tirées, jusqu'à celui où elles doivent être acquittées, et cela par règle fixe, ce qui fait que communément l'on règle les usances : savoir,

De Genève, Milan et Gênes, à 8 jours de vue.

De Venise,
De Florence,
De Livourne,
Le Rome, } à 10 jours de vue.

De Vienne,
D'Auguste,
Des autres Places,
D'Allemagne, } à 15 jours de vue,

Par ordre du roi, pour ce qui concerne les lettres de change, dans lesquelles le temps de l'échéance sera fixé, l'on ne devra pas différer de les présenter au-delà du terme de 2 mois, depuis leur date ; et il en sera de même par rapport à la demande du paiement de celles *qui sont payables à vue* (1) ; autrement l'on sera censé n'avoir pas fait ses diligences

Le jour de la date des lettres doit être compté pour un jour de l'échéance.

Quand aux jours de grace, le terme de 5 jours est arbitraire au porteur de la lettre de change, c'est-à-dire, qu'il peut la faire protester le jour de l'échéance, ou en différer le protêt jusqu'au cinquième jour, après le terme fixé, par les mêmes lettres, y compris les jours de fêtes, à moins que le cinquième jour ne se trouve fête, auquel cas le protêt seroit différé jusqu'au premier jour non férié.

Les jours de faveur ne seront cependant pas pour les lettres à vue, non plus que pour celles à jour nommé.

---

(1) Nous n'avons point en France de règles certaines à cet égard, aussi voit-on souvent des porteurs de lettres de change à vue, se présenter après 4, 5 et 6 ans de leur date, et en demander le paiement, sous prétexte qu'une pareille lettre n'a d'autre échéance que la présentation.

La coutume pour les paiemens est que l'on y paie le lundi les négociations qui se sont faites entre négocians de la place pendant les jeudi, vendredi et samedi ; et le jeudi on paie celles des lundi, mardi et mercredi.

Mais ce n'est qu'une coutume qu'on n'est pas obligé d'observer ; car celui qui livre une lettre de change, est en droit de se la faire payer sur-le-champ.

Quand aux lettres de change tirées de l'étranger sur Turin, elles doivent être payées le lendemain de leur échéance ; le jour auquel elles échoient, étant pour le débiteur comme on l'a dit ci-dessus.

VALENCE, (Espagne.)

D'après l'avis de la junte générale du commerce et des monnoies, Sa Majesté a décidé que dorénavant les lettres de change tirées sur les commerçans de Valence, auroient 8 jours de grace, lorsqu'elles leur seroient envoyées de l'intérieur du royaume, et 14 lorsqu'on les leur adresseroit du dehors.

VALENCIENNES, (Nord.)

Il a été créé dans cette ville une juridiction consulaire en 1718. L'article 20 de l'édit porte : » Afin que l'usage soit uni-
» forme dans toutes les parties du hainaut, chef-lieu, pays d'en-
» tre sambre et meuse, terres franches, enclavemens et annexes
» de notre obéissance ; ordonnons que les billets *à ordre*,
» *lettres de change, et billets* pour valeur en marchandises,
» seront exigibles 6 jours après l'échéance ; que les porteurs
» les pourront faire protester dans ledit temps de 6 jours,
» *et que les usances* seront comptées *par mois ordinaires*,
et non de 30 jours. »

Toutes les villes du ci-devant hainaut sont donc soumises à l'usage prescrit par cette loi.

VANNES, (Morbihan.)
Comme à PARIS.

VARZY, (Nièvre.)
Comme à AUXERRE.

VENDOME, (Loire et cher.)
Comme à PARIS.

VENISE, (ITALIE.)

Tire sur Amsterdam, Anvers et Hambourg à usance de 2 mois de date; sur Ancône et Rome à usance de 10 jours de vue sur Augsbourg et Vienne à usance de 14 jours de vue; sur Florence, Livourne, Naples et Gênes à usance de 15 jours de vue; sur Londres à usance de 3 mois de date; sur Bolzan en foire; Lyon en paiemens et à jours fixes, et sur Milan à usance de 20 jours après la date.

Il y a à Venise 6 jours de faveur qui doivent être de banque ouverte, c'est-à-dire, 6 jours sans fête, et dans lesquels jours le vendredi n'est pas compté, parce qu'il est destiné à faire les balances de la banque qui est fermée ce jour-là : les lettres tirées sur cette banque aux dates ci-dessus, et en argent banco, ne doivent avoir aucun endossement, elles doivent être envoyées à un correspondant avec procuration du tireur pour en recevoir le paiement. Mais les lettres sur des particuliers et taxés en argent courant, peuvent être endossées et payées comme ailleurs.

VERDUN, (Meuse.)
Comme à METZ.

VERNEUIL, (Eure.)
Comme à ROUEN.

VERRON, (Eure.)
Comme à ROUEN.

VERSAILLES, (Seine et Oise.)
Comme à PARIS.

VIENNE, (ALLEMAGNE.)

L'usance des lettres sur Vienne est de 14 jours après l'acceptation.

Les lettres à demi usance, à une ou plusieurs usances, à tant de semaines de date; celles payables au milieu ou à la fin d'un mois, et celles à 8 jours, jouissent de 3 jours de grace, qui commencent le jour après l'échéance; mais celles qui sont payables à vue, ou au-dessous de 8 jours de vue, et à jour fixe, ne jouissent point de 3 jours de grace.

VIENNE, (Isère.)
Comme à GRENOBLE.

VIMOUTIER, (Orne.)
Comme à CAEN et à ROUEN.

VIRE, (Calvados.)
Comme à PARIS.

VITRÉ, (Ille et Vilaine.)
Comme à RENNES.

VITRI-SUR-MARNE, (Marne.)
Comme à PARIS.

UZÉS, (Gard.)
Comme à TOULOUSE.

ZURICH, (Suisse.)
Tire sur Amsterdam à 2 usances ; sur Augsbourg, Paris, Nuremberg et Vienne à usance simple ; sur Lyon à usance simple et en paiemens ; sur Francfort et Leipsick à usance et en foires ; sur Genève à courts jours ; sur Milan et Venise à tant de jours de vue : L'usance y est comptée de 30 jours. Il n'y a point de jours de faveur.

FIN.

Indication

Des Signes qui distinguent 30 sortes de Louis (ou pièces de 24 liv.) de fabrique, d'avec les bons.

Années. Lettres.

1784. (I) Ils sont rognés et les deux fleurs de lys en haut touchent à l'écusson.

1785. (A) Ils ont 18 à 20 grains de moins; ils sont rouges et beaucoup plus grands que les bons; les deux fleurs de lys en haut touchent à l'écusson; la couronne est plus à droite et par conséquent plus éloignée du dernier chiffre de l'année.
Il en existe d'autres de la même année et à la même lettre, qui ont leur poids et qui sont bien faits; on ne les distingue que par leur blancheur.

1786. (A) Ils sont en général plus grands et ne sont pas ronds; ils ont la face rouge; la couronne est beaucoup plus à droite; la lettre M du mot IMPER touche à l'écusson, et des deux fleurs de lys en haut, l'une est plus haute que l'autre.
Il y en a d'autres qui sont bombés et blancs; toutes les lettres sont mal faites et plus petites qu'aux bons; l'on remarque principalement que la lettre D, du mot LUD, n'est formé qu'à demie, de même que l'X du mot REX.
Il en existe de la même année et à la même lettre, qui sont rouges et dont la fleur de lys en bas est écrasée; la couronne est plus à droite et ne touche pas à l'écusson, et les deux fleurs de lys en haut sont plus près de la ligne qui les renferme.

1786. (AB) Ils sont très-rouges et bien frappés.

1786. (B) Ils sont comme ceux ci-dessus; la couronne n'est pas bien placée et la lettre N du mot REGN. touche à l'écusson, de même que les deux fleurs de lys en bas.

1786. (D) Le côté de la face est bombé; ils sont mal frappés et les lettres des mots NAV. REX. sont si mal faites, qu'elles se touchent les unes aux autres et n'ont pas la distance qu'elles doivent avoir de la face.
Il y en a d'autres de la même année et à la même lettre, qui ont les fleurs de lys mal faites, principalement celle du haut à droite qui est de travers.

1786. (H) Ils sont très-mal faits des deux côtés; ils sont ovales et pâles et ont ordinairement 3 à 4 grains de moins.

1786. (HS) Ils sont bien frappés, mais le cordon est mal fait; les fleurs de lys sont trop hautes et le nez de la face est trop pointu.

1786. (I) Ils sont plus grands et ne sont pas ronds; les deux fleurs de lys en haut touchent à l'écusson, la couronne est beaucoup plus à droite, le mot VINC. est piqué et la lettre N du mot REGN. touche à l'écusson.
Il en existe d'autres qui sont ovales; ils ont une couleur pâle et le côté des fleurs de lys est piqué et graveleux.

1786. (N) Ils sont très-mal faits des deux côtés et toutes les lettres sont grossières et matérielles.

1787. (A) Ils sont bombés et blancs, et la lettre A au lieu de se trouver entre l'I et l'N du mot VINC., se trouve directement sur l'N.
Il y en a d'autres qui sont rouges et dont les fleurs de lys sont plus grosses qu'aux bons.
Il y en a une 3me. sorte plus épais et plus grands, dont le cordon est mal fait de même que toutes les lettres; le fond en est blanc.

1787. (B) Ils sont en général beaucoup plus épais; la couronne est plus à droite; dans le mot IMPER. l'I et l'M touchent à l'écusson, de même que l'N du mot REGN.

1787. (D) Ils sont mal faits; l'or est pâle et verdâtre; ils n'ont pas moitié de la valeur des bons.

1787. (H) La tête est fort mal faite et les fleurs de lys sont on ne peut pas plus maigres.

1787. (HS) Ils sont mal faits des deux côtés et ne sont pas ronds, ils ont ordinairement 7 à 8 grains de moins.

1787. (R) Ils sont rouges et plus grands que les autres, et ne sont pas ronds; la couronne se trouve plus à droite et les fleurs de lys en haut touchent à l'écusson.

1787. (VW) Ils sont plus larges et plus épais que les bons; la couronne est un peu de travers et n'est pas au milieu des deux écussons; le cordon est mal fait; ils pèsent en général 2 grains de moins.

1788. Il y en a de la même fabrique aux deux mêmes lettres et à l'année 1788, dont la valeur n'est que de 12 à 13 liv.

1788. (A) Ils sont blancs; la fleur de lys en bas est un peu de travers; le cordon est mal fait; ils pèsent 10 à 12 grains de moins.

1788. (I) Ils sont comme ceux de 1784, même lettre.

1788. (N) Ils sont bien faits, mais les fleurs de lys sont trop hautes et mal placées, et le côté de la tête est rouge.

1789. (A) Ils sont mal faits; ils sont très rouges et la couronne n'est pas au milieu des deux écussons.

1791. Ils sont mal frappés et sans cordon; toutes les lettres sont mal faites et la fleur de lys en bas est écrasée.

Quant aux doubles Louis, il y en a très-peu de fabrique; on ne les reconnoît que par leur pâleur et lorsque le dernier V du mot DUVIV. qui se trouve au bas du buste, est moins haut que les autres lettres.

Indication

Des Signes qui distinguent 30 sortes de Louis (ou pièces de 24 livres) de fabrique, d'avec les bons.

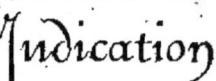

Années	Lettres	
1784.	(I)	Ils sont rognés et les deux fleurs de lys en haut touchent à l'écusson.
1785.	(A)	Ils ont 18 à 20 grains de moins; ils sont rouges et beaucoup plus grands que les bons; les deux fleurs de lys en haut touchent à l'écusson; la couronne est plus à droite et par conséquent plus éloignée du dernier chiffre de l'année.
		Il en existe d'autres de la même année et à la même lettre, qui ont leur poids et qui sont bien faits; on ne les distingue que par leur blancheur.
1785.	(A)	Ils sont en général plus grands et ne sont pas ronds; ils ont la face rouge; la couronne est beaucoup plus à droite; la lettre M du mot IMPER touche à l'écusson, et des deux fleurs de lys en haut, l'une est plus haute que l'autre.
		Il y en a d'autres qui sont bombés et blancs; toutes les lettres sont mal faites et plus petites qu'aux bons: l'on remarque principalement que la lettre D, du mot LUD., n'est formé qu'à demie, de même que l'X du mot REX.
		Il en existe de la même année et à la même lettre, qui sont rouges et dont la fleur de lys en bas est écrasée; la couronne est plus à droite et ne touche pas à l'écusson, et les deux fleurs de lys en haut sont plus près de la ligne qui les renferme.
1785.	(AB)	Ils sont très-rouges et bien frappés.
1785.	(B)	Ils sont comme ceux ci-dessus; la couronne n'est pas bien placée et la lettre N du mot REGN. touche à l'écusson, de même que les deux fleurs de lys en haut.
1786.	(D)	Le côté de la face est bombé; ils sont mal frappés et les lettres des mots NAV. REX., sont si mal faites, qu'elles touchent les unes aux autres et n'ont pas la distance qu'elles doivent avoir de la face.
		Il y en a d'autres de la même année et à la même lettre, qui ont les fleurs de lys mal faites, principalement celle du haut à droite qui est de travers.
1786.	(H)	Ils sont très mal faits des deux côtés; ils sont ovales et pâles et ont ordinairement 3 à 4 grains de moins.
1786.	(HS)	Ils sont bien frappés, mais le cordon est mal fait; les fleurs de lys sont trop hautes et le nez de la face est trop pointu.
1786.	(I)	Ils sont plus grands et ne sont pas ronds; les deux fleurs de lys en haut touchent à l'écusson, la couronne est beaucoup plus à droite; le mot VINC. est piqué et la lettre N du mot REGN. touche à l'écusson.
		Il en existe d'autres qui sont coulés; ils ont une couleur pâle et le côté des fleurs de lys est piqué et graveleux.
1786.	(N)	Ils sont très mal faits des deux côtés et toutes les lettres sont grossières et matérielles.
1787.	(A)	Ils sont bombés et blancs, et la lettre A au lieu de se trouver entre l'I et l'N du mot VINC, se trouve directement sur l'N.
		Il y en a d'autres qui sont rouges et dont les fleurs de lys sont plus grosses qu'aux bons.
		Il y en a une 3ème. sorte plus épais et plus grands, dont le cordon est mal fait de même que toutes les lettres; le fond en est blanc.
1787.	(B)	Ils sont en général beaucoup plus épais; la couronne est plus à droite; dans le mot IMPER. l'I et l'M touchent à l'écusson, de même que l'N du mot REGN.
1787.	(D)	Ils sont mal faits; l'or est pâle et verdâtre; ils n'ont pas moitié de la valeur des bons.
1787.	(H)	La tête est fort mal faite et les fleurs de lys sont on ne peut pas plus maigres.
1787.	(HS)	Ils sont mal faits des deux côtés et ne sont pas ronds, ils ont ordinairement 7 à 8 grains de moins.
1787.	(R)	Ils sont rouges et plus grands que les autres, et ne sont pas ronds; la couronne se trouve plus à droite et les fleurs de lys en haut touchent à l'écusson.
1787.	(VV)	Ils sont plus larges et plus épais que les bons; la couronne est un peu de travers et n'est pas au milieu des deux écussons; le cordon est mal fait; ils pèsent en général 2 grains de moins.
1788.		Il y en a de la même fabrique aux deux mêmes lettres et à l'année 1788, dont la valeur n'est que de 12 à 13 livres.
1788.	(A)	Ils sont blancs; la fleur de lys en bas est un peu de travers; le cordon est mal fait; ils pèsent 10 à 12 grains de moins.
1788.	(I)	Ils sont comme ceux de 1784, même lettre.
1788.	(N)	Ils sont bien faits, mais les fleurs de lys sont trop hautes et mal placées, et le côté de la tête est rouge.
1789.	(A)	Ils sont mal faits; ils sont très-rouges et la couronne n'est pas au milieu des deux écussons.
1791.		Ils sont mal frappés et sans cordon; toutes les lettres sont mal faites et la fleur de lys en bas est écrasée.

Quant aux doubles Louis, il y en a très-peu de fabrique; on ne les reconnaît que par leur pâleur et lorsque le dernier V du mot DU VIV. qui se trouve au bas de l'écu, est moins haut que les autres lettres.

www.ingramcontent.com/pod-product-compliance
Lightning Source LLC
LaVergne TN
LVHW021711080426
835510LV00011B/1724